A Trip to Grandma's House アクティビティブック できたね！シール

できたね！　できたね！　できたね！　できたね！

できたね！　できたね！　できたね！　できたね！

できたね！　できたね！　できたね！　できたね！

できたね！　できたね！

よびシール

じぶんのすきな
できたね！シールを
つくろう

A Trip to Grandma's House
アクティビティブック
● Activity Book ●

Written by
Patricia Daly Oe
Mari Nakamura

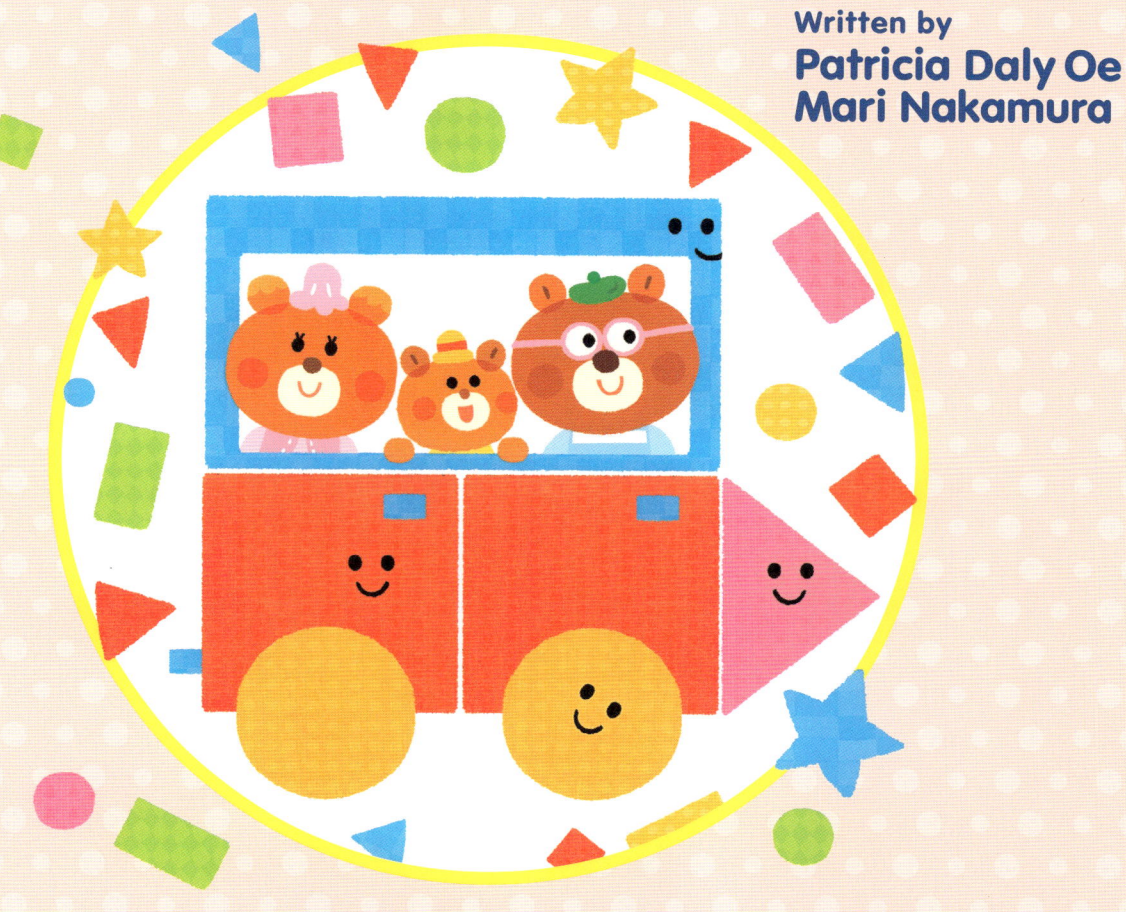

はじめに

クマの家族がおばあちゃんのお家に遊びに行きます。道中、自然の中には危険がいっぱい。そこに「形」の仲間がやってきて、クマの家族を助けます。同じフレーズをリズムよく繰り返したり、squares - bears と韻を踏む音に親しんだりしながら、ストーリーを楽しみます。さらに、いろいろなアクティビティを通して、自然の名前や形の名前を覚え、想像力や思考力を育みましょう。

The bear family go to visit Grandma. On the way they have some problems, but the shapes come and help them. Enjoy the rhythm of the story. Learn new words and enjoy the creative activities in this activity book.

もくじ　Table of contents

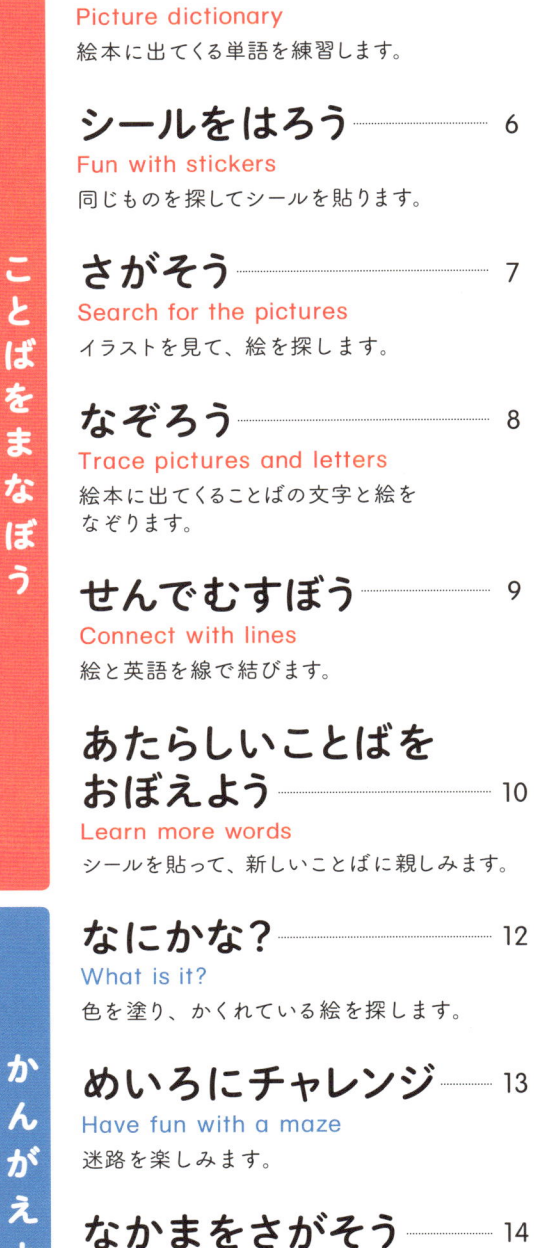

アクティビティブックについて

このアクティビティブックは
絵本 A Trip to Grandma's House（別売り）に対応しています。
アクティブ・ラーニングの概念に沿った「学ぶ」「考える」「創作する」「遊ぶ」の
4つのカテゴリーで英語力と思考力、クリエイティビティ、協調性を育みます。

This activity book is based on the picture book "A Trip to Grandma's House".
The activities in the four active learning categories of "learning", "thinking", "creating" and "playing" foster abilities in English language, thinking, creativity and collaboration through observation, word puzzles, chants, stickers, simple crafts and games.

ことばをまなぼう
Let's Learn

絵本に出てくる単語や関連する新しいことばをチャンツ、シール貼り、線結びなどを通して学びます。ここで楽しく身につけた語彙力が次からの活動の基礎となります。

かんがえよう
Let's Think

仲間分けや身近な場所、身の回りを観察するアクティビティを通して思考力を養います。答えが決まっていない活動は、子どもの自主性や自由な発想も養います。

つくろう
Let's Create

色塗りやシンプルな工作に取り組み、出来上がったものを英語で表現します。その過程で子どもは、創意工夫する喜びや表現する楽しさを経験し、創造力を身につけていきます。

あそぼう
Let's Play

ごっこあそびやボードゲームを通して、想像力や協調性を養います。また、これまでに習った英語を遊びを通して使うことにより「英語ができる！」という自信を育みます。

≡≡ アクティビティブックの効果的な使い方 ≡≡

1 まず、対応の絵本、DVDでストーリーを楽しみましょう。そのあとにこのアクティビティブックに取り組むと、学習効果がアップします。

2 アクティビティは、一度にたくさん進めるよりも、少しずつ楽しみながら取り組んでいきましょう。上手にできたら **できたな！** シールを貼って、ほめてあげましょう。

3 このアクティビティブックの4〜5ページ、10〜11ページのチャンツはアプリで聴けますので、繰り返し聞いて英語の音やリズムを体で覚えていきましょう。（アプリの使い方は、24ページをご覧ください。）

指導者の方へ

教室では、一人一人の個性的な表現を尊重し、違いを認め合う雰囲気で活動を進めましょう。生徒が絵や作品について日本語で話した時は、それを英語に直して語りかけたり、その英語をリピートするように促したりして、英語を話せるように導きます。

保護者の方へ

絵本の世界を味わいながら、ゆったりとした気分で進めていきましょう。この本には、子どもの自由な表現を促す、答えが決まっていない活動も多く含まれています。取り組みのヒントを参考に、子どもと一緒に伸び伸びと英語の探索を楽しみましょう。

えじてん
Picture dictionary

チャンツのリズムにのって、たんごをいいましょう。
Chant the words.

えじてんのえカード（p.27-29）であそびましょう。
Play with the picture cards on pages twenty-seven to twenty-nine.

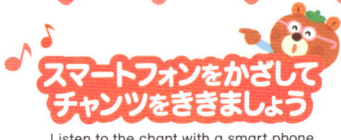
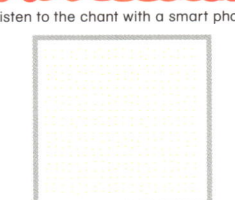

できたね！
シール
sticker

1 circle   **2** triangle   **3** rectangle   **4** square

5 shapes

6 car

7 steps

8 mountain

9 river

10 bridge

11 boat

12 waterfall

13 star →

14 bear

15 grandma

16 house

**取り組み
のヒント**
Learning Tips

チャンツを聴き、絵を指さしながら単語をリピートしましょう。音声を再生できない場合には、単語を読んであげてください。アクティビティをする前にチャンツの練習をすると、楽しみながら身につけることができます。また、27〜29ページの絵カードを使って仲間探しをしたり、裏返して「○○○カードはどれでしょう」とクイズをしたり、メモリーゲームをしたり、いろいろなアクティビティを楽しめます。

Children listen to the chant, look for the pictures and repeat the words. If you cannot listen to the audio, please read the words to the children. Learning will be fun if you repeat the chant each time before doing the activities. By using the picture cards on pages 27 to 29, you can enjoy activities like memory games and quizzes. (For example, pick up the card with the word ○○○.)

シールをはろう
Fun with stickers

おなじかたちのシールをさがしてはりましょう。
Find and place the stickers.

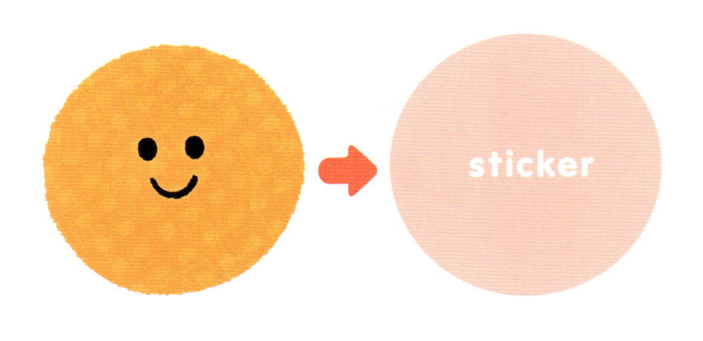

**取り組み
のヒント**
Learning Tips

シールを貼る時には、一緒に英語を言ってみましょう。
Say the words together as children put the stickers in place.

さがそう
Search for the pictures

かたちはいくつあるかな？ ☐ にかずをかきましょう。
How many of each shape are there? Write the numbers in the ☐.

できたね！
シール
sticker

 circle

 triangle

 rectangle

square

えいごをいってなぞりましょう。
Say the words and trace.

できたね！
シール
sticker

------- なぞる

bear

star

house

8

せんでむすぼう
Connect with lines

えとえいごをせんでむすびましょう。
Connect the picture with the word.

 なぞる

できたね！
シール
sticker

car　　bridge　　steps　　boat

1　　2　　3　　4

**取り組み
のヒント
Learning Tips**

英語を読めない子どもには、読んであげましょう。
Please read the words to children who cannot read.

9

あたらしいことばを
おぼえよう

Learn more words

あたらしい
ことばの
**スマートフォンをかざして
チャンツをききましょう**
Listen to the chant with a smart phone.

できたね！
シール

sticker

ほかにどんなことばがあるかな？
シールをはって、えカード（p.27-31）であそびましょう。
Find and place the stickers. Play a game with the picture cards on pages twenty-seven to thirty-one.

1

star　　　　sun　　　　moon

2

river　　　　beach　　　　lake

3

mountain　　　grass　　　flower

4

circle　　heart　　diamond

5

grandma　grandpa　baby

6

bear　　deer　　fox

取り組み
のヒント
Learning Tips

絵本に出てこない身近なことばを練習してみましょう。それぞれどんな仲間でしょうか。新しい単語はチャンツで聴くことができます。27〜31ページに絵カードがありますので、一人が単語を言って、もう一人がカードを取るような遊びをしてみましょう。

Let's practice some other words related to the words in the story. How are they connected? You can listen to the chants for pronunciation.You can use the picture cards on pages 27 to 31 to play a simple game where one person says a word and the other person finds the matching card.

なにかな？

A に あか、B に みどり、C に あお を ぬりましょう。
なにのえがでてくるかな？
A=red B=green C=blue
What is the picture?

A = **red** B = **green** C = **blue**

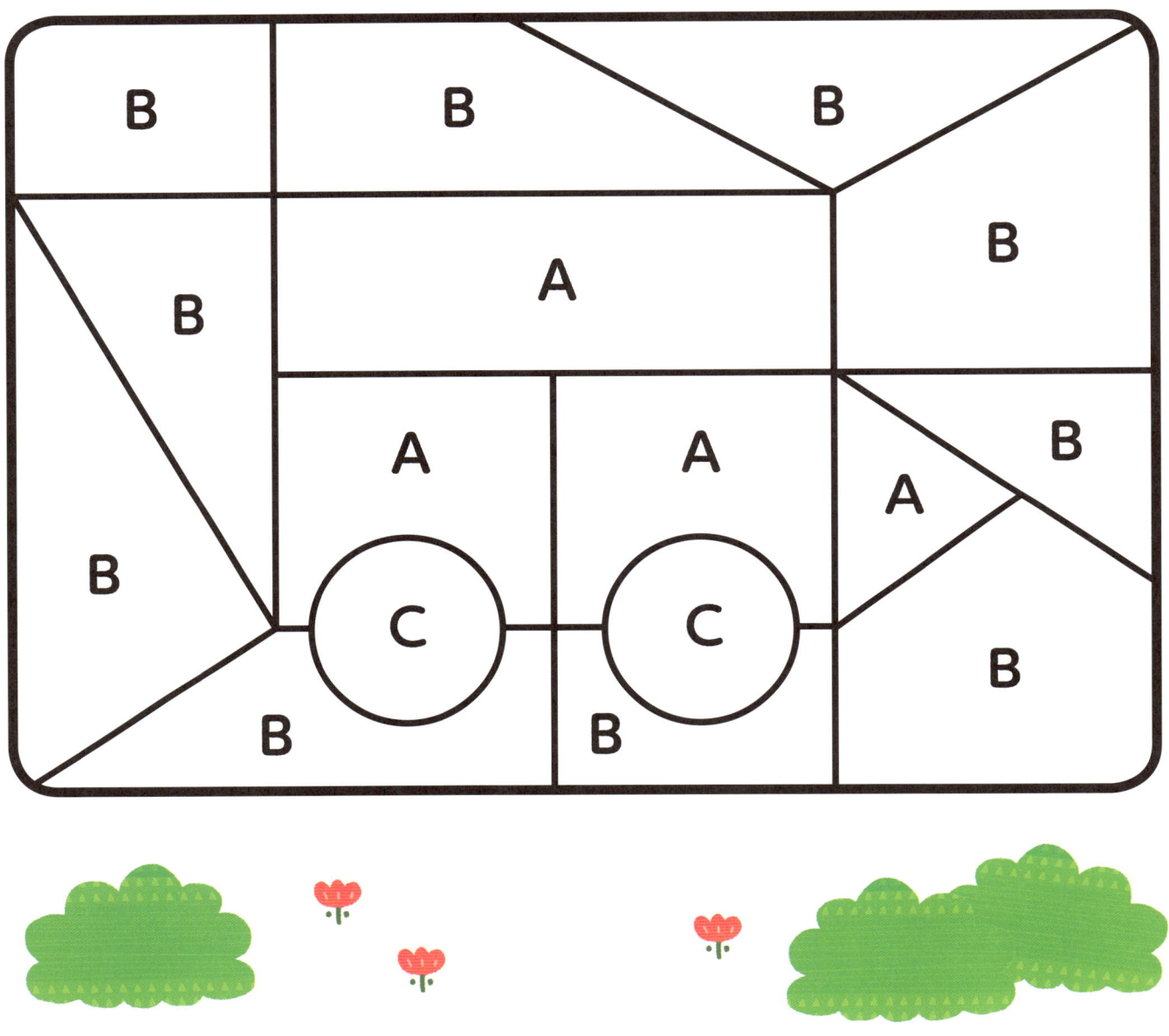

**取り組み
のヒント**
Learning Tips

指示通りに色を塗ると絵が出てきます。絵が出てきたら一緒に英語を言ってみましょう。

When the parts of the picture are colored in as indicated, a picture is revealed. Say what it is together.

めいろにチャレンジ

Have fun with a maze

おともだちといっしょにおばあちゃんのおうちに
あそびにいくよ。どのみちをとおったらいいかな？
とおりみちにせんをひきましょう。

Help the boy and girl bears find Grandma's house.

できたね！
シール
sticker

START!
スタート

GOAL!
ゴール

取り組み
のヒント
Learning Tips

迷路に慣れていない場合は、まず指でなぞってから、線を描くように声かけをしましょう。

Children who are not used to mazes should track the way with their finger first. After that, tell them to draw the line.

えをゆびさしてえいごをいってみましょう。
Point and say the words.

じょうずにいえたら、かたちのことばと
しぜんのことばにわけて、みぎのページにえをかきましょう。
Draw the pictures on the next page.

moon

star

circle

square

rectangle

triangle

mountain

river

waterfall

grass

flower

● **かたち**
Shapes

えをかくときは、
ひだりのページと
おなじじゃなくてもいいよ！
じゆうにかいてね！

できたね！
シール
sticker

● **しぜん**
Nature

> 💡
> **取り組み
> のヒント**
> **Learning Tips**
>
> 論理的思考を養うアクティビティです。絵は左のページと違っても構いません。例えば、starは空の星、星形の両方の意味があります。子どもの自由な表現を尊重しましょう。
>
> This is an activity in logical thinking. It doesn't matter if the picture differs from page 14. For example, a star can be in the sky or a shape. It is important to respect the child's free expression.

よくみてかこう

Look around you

みんなのおうちやこうえんにも、いろいろなかたちのものがあるね。
〇、△、□、□ のものをみつけて、えをかきましょう。

What shapes can you see at home or in the park?
Draw the pictures of what you see with 〇, △, □, and □ shapes.

取り組み
のヒント
Learning Tips

観察力を高めるアクティビティです。一緒にいろいろな形を探し、自由に描いてみましょう。

This activity enhances observation skills. Search for various shapes together and enjoy drawing pictures freely.

ぬりえをしよう
Enjoy coloring

すきないろでぬりましょう。
Color the picture.

色を塗ったら、英語で言えるものを一緒に探して言ってみましょう。

After children have colored in the picture, search for words together that they can say in English.

つくろう
Create your own picture

どんなえができるかな？ きってはりましょう。
What pictures can you make with the shapes?
Cut and paste.

〈れい〉

car

ice cream

できたね！
シール
sticker

**取り組み
のヒント**
Learning Tips

19 ページを切り離して、このページに並べて貼って、自分の好きなものを作りましょう。英語で言えるものがあれば、一緒に英語を言ってみましょう。

After cutting out the items on page 19, have children make their own pictures by arranging the items on this page. If they can say the words for the items in English, say the words together.

8 cut きる

ごっこあそびをしよう
Role-playing

えをみてまねをしましょう。
Look at the pictures and practice.

できたね!
シール
sticker

取り組み
のヒント
Learning Tips

Thank you. を身近な場面で使ってみましょう。Here you are.（どうぞ。）も生活の中で使えるといいですね。

Children can try using the expression ¨Thank you.¨ that appeared in the picture book in their daily lives. ¨Here you are.¨ can also be used in daily conversation.

ボードゲームをしよう

Play a board game

4にんまであそべます
25ページのこま、サイコロをつかいます。
Use the pieces on page 25.

おばあちゃんとおでかけしよう
Let's go out with Grandma.

おばあちゃんとビーチへおでかけするすごろくゲームです。
・じゅんばんにサイコロをふって、サイコロのかずだけすすみます。
・かたちのえのマスにとまったら、そのえをえいごでいって、もういちどサイコロをふることができます。
・かたちのえいがいのマスにとまったら、そのえをえいごでいいます。
・いちばんはやくゴールにたどりついたひとがかちです！

GOAL!

- Roll the dice in turn. Go forward the number of spaces shown on the dice.
- When you land on a space with a shape on it, say the name for the shape and roll the dice again.
- When you land on a space with a different picture, say the word in English.
- The goal is the beach!

アプリの使い方

 スマートフォンをかざしてチャンツをききましょう あたらしいことばの スマートフォンをかざしてチャンツをききましょう のページ（p.4-5、10-11）では、英語の音声を聴くことができます。

以下の方法で、お手持ちのスマートフォンやタブレットにアプリ（無料）を ダウンロードしてご使用ください。

アプリダウンロード方法

mpi オトキコ

オトキコ

お持ちのスマートフォンやタブレットで下記のQRコードを読み込んでください。
※ QRコードリーダーをインストールされている方

| iphone、iPadをお使いの方 |   | Android端末をお使いの方 |   |

または

AppStore ／ Googleplay で検索の枠に
『 mpi オトキコ 』と入力して検索をしてください。

※ iphone、iPad、AppStore、MacOS は、米国およびその他の国々で登録された Apple Inc. の商標または登録商標です。
※ Android、Googleplay は、Google Inc. の商標または登録商標です。

●著者紹介

Patricia Daly Oe（大江 パトリシア）

イギリス、ケント州出身。日本の英語教育に従事するかたわら、数多くの紙芝居と絵本を創作。著書に『Peter the Lonely Pineapple』『Blue Mouse, Yellow Mouse』『Lily and the Moon』などがある。英会話を教えていて、英語の先生のためのワークショップを開催しながら、ナレーションの活動や子供のイベントなどもしている。

Patricia Daly Oe is a British picture book author and teacher who also enjoys giving presentations, and holding events for children.

公式ホームページ● http://www.patricia-oe.com

中村 麻里

金沢市にて英会話教室イングリッシュ・スクエアを主宰。幼児から高校生の英語指導にあたるかたわら英語教材、絵本の執筆、全国での講演にたずさわり、主体性や表現力など21世紀型スキルを伸ばす指導法の普及につとめている。イギリス・アストン大学TEYL（Teaching English to Young Learners）学科修士課程修了。2013 年 JALT 学会 Best of JALT（ベスト・プレゼンター賞）受賞。

Mari Nakamura is a school owner, teacher trainer and ELT materials writer who loves good stories and playing with children.

公式ホームページ● http://www.crossroad.jp/es/

A Trip to Grandma's House
アクティビティブック

| 発行日 | 2017年9月27日　初版第1刷 |
| | 2019年1月18日　初版第2刷 |

執　筆	Patricia Daly Oe / Mari Nakamura
イラスト	わたなべ ちいこ
デザイン	柿沼 みさと、島田 絵里子
協　力	mpi English School 本部校
英文校正	Glenn McDougall
編　集	株式会社 カルチャー・プロ
音　楽	株式会社 Jailhouse Music
プロデュース	橋本 寛
録　音	株式会社 パワーハウス
ナレーション	Rumiko Varnes
印　刷	シナノ印刷株式会社
発　行	株式会社 mpi 松香フォニックス
	〒 151-0053
	東京都渋谷区代々木 2-16-2 甲田ビル 2F
	phone 03-5302-1651　fax 03-5302-1652
	URL　https://www.mpi-j.co.jp

クマのかぞくのこま、サイコロをきりはなしましょう。

● こま
markers

glue

glue

glue

------ ✂ cut きる

　　　　 glue のり

———— fold やまおり

● サイコロ
dice

glue

glue

glue

glue

glue

glue

サイコロのつくりかた

① ┈┈ せんにそって、はさみできります。

② —— せんをやまおりします。

③ 　　 glue にのりをぬります。

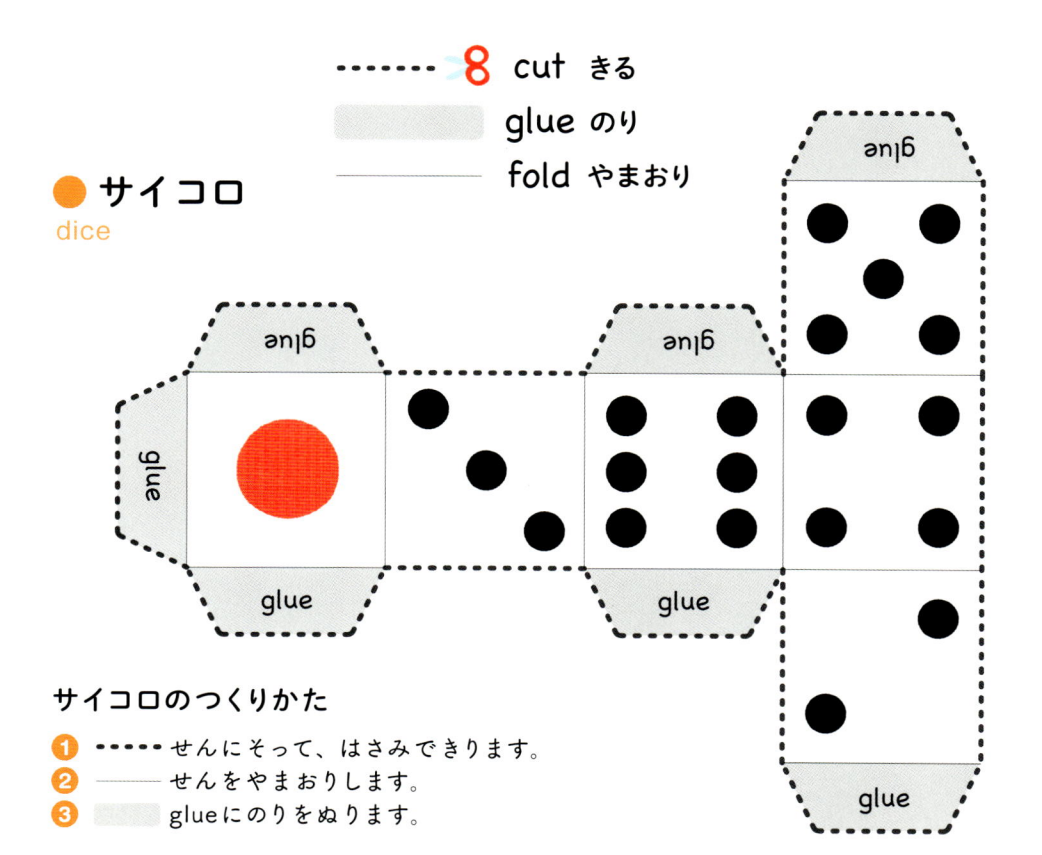

glue

［4〜5/10〜11ページ えカード］
ごうけい30まい（よび2まい）

Picture cards for pages 4-5 and 10-11
30 cards (with 2 extras)

- - - - - - - - - ✂ cut きる

circle	triangle	rectangle
square	shapes	car
steps	mountain	river

bridge	boat	waterfall
star	bear	grandma
house	sun	moon
beach	lake	grass

flower

heart

diamond

grandpa

baby

deer

fox

『A Trip to Grandma's House』

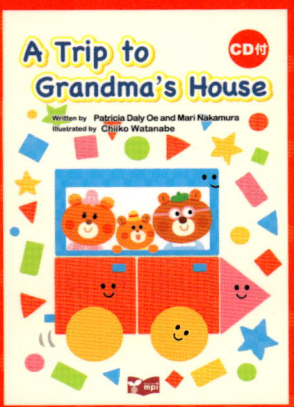
絵本（CD付き）

この絵本と**DVD**に対応しています

DVD

A Trip to Grandma's House
アクティビティブック

ISBN978-4-89643-695-2

C8082 ¥990E

© 2017 mpi Matsuka Phonics inc.

定価 | 本体 990円 | ＋税

0718　洋書　**Miyoshi**

TRIP TO GRANDMA'S HOUSE AB
ISBN 9784896436952
本体価格　　¥990 +税10%
税込価格　　¥1,089　0408

9784896436952
1920408009902

期限：2607

アクティブ・ラーニングの概念に沿った
「**学ぶ**」「**考える**」「**創作する**」「**遊ぶ**」の
４つのカテゴリーで、英語力と思考力、
クリエイティビティ、協調性を育みます。

The activities in the four active learning categories of "learning", "thinking", "creating" and "playing" in this activity book, foster abilities in English language, thinking, creativity and collaboration through observation, word puzzles, chants, stickers, simple crafts and games.

★ 楽しい**アクティビティ**が
　子どもの英語力を伸ばします。

★ 考える力・想像する力が育ちます。

★ **できたね！シール** でやる気が続きます。

学習レベル ▶

Class　　　　　　　　　**Name**